DESCRIPTION

DE

L'APPAREIL MORSE

MODIFIÉ

ET DES

BUREAUX TÉLÉGRAPHIQUES

SYSTÈME HERMANN

ADOPTÉS PAR L'ADMINISTRATION PORTUGAISE

PARIS

IMPRIMERIE SIMON RAÇON ET COMPAGNIE,

RUE D'ERFURTH, 1

1865

DESCRIPTION

DE

L'APPAREIL MORSE

MODIFIÉ

— SYSTÈME HERRMANN —

DESCRIPTION

DE

L'APPAREIL MORSE

MODIFIÉ

ET DES

BUREAUX TÉLÉGRAPHIQUES

ADOPTÉS

PAR L'ADMINISTRATION PORTUGAISE

PARIS

IMPRIMERIE SIMON-RAÇON ET Cie

RUE D'ERFURTH, 1

1865

A MESSIEURS LES MEMBRES

DE LA

CONFÉRENCE TÉLÉGRAPHIQUE

INTERNATIONALE

Messieurs,

L'Administration des télégraphes portugais a modifié les appareils Morse à pointe sèche en y introduisant les perfectionnements imaginés par un habile ingénieur portugais, M. Herrmann.

La description de notre appareil perfectionné et les instructions pour le bien régler font l'objet principal de la présente publication, que j'ai l'honneur de vous offrir.

J'ai ajouté une description des bureaux avec leurs communications métalliques suivant le dernier plan que nous avons adopté, et dont les heureuses dispositions sont dues au talent et à l'habileté pratique du même ingénieur. Par la disposition de ces communications les tables sont destinées à durer fort longtemps ; elles sont peu sujettes aux dérangements, et elles ont moins coûté que les autres tables du même genre précédemment employées par notre administration.

Huit mois se sont déjà écoulés depuis que l'appareil Morse, modifié par Herrmann, est en fonction dans la plupart de nos stations ; et les résultats qu'il a donnés ont été les plus satisfaisants.

Les signaux faits à l'encre sont très-visibles ; ils ne fatiguent pas la vue des télégraphistes et se prêtent facilement aux vérifications qu'on a quelquefois à faire pour reconnaître d'où provient une erreur faite dans une dépêche. Comme la lecture est très-facile, les erreurs y sont fort rares, contrairement à ce qui arrivait avec les signaux de la pointe sèche, surtout pendant la nuit.

Cet appareil, pourvu qu'on lui donne les soins que nous avons indiqués dans nos instructions, est plus facile à régler que ceux à pointe sèche ou à encre des autres systèmes ; il fonctionne sans relai ni pile locale, et le mouvement d'horlogerie, réduit à sa plus grande simplicité, n'a d'autre objet que le déroulement du papier ; enfin il est très-sensible et travaille avec des courants très-faibles.

Grâce à leur simplicité, ces instruments sont fort peu sujets à se détériorer, comme l'expérience de huit mois l'a prouvé, expérience d'autant plus concluante que beaucoup d'entre eux, quoique travaillant sans cesse, n'ont pas eu besoin de réparation.

Un de ces appareils a été envoyé à M. Bréguet, habile constructeur de Paris, à qui sont dus tant de perfectionnements dans la télégraphie.

Il est dans ses ateliers, où pourront l'examiner toutes les personnes qui voudront le voir et l'expérimenter.

En général, les innovations ne sont reçues qu'avec difficulté, surtout par les agents subalternes, qui sont habitués aux systèmes anciens ; tel n'a pas été le cas pour l'appareil dont nous parlons, et beaucoup de nos télégraphistes ne veulent déjà plus se servir des autres instruments.

Paris, 20 mars 1865.

JOSE VICTORINO DAMAZIO

Directeur général des Télégraphes portugais.

DESCRIPTION

DE

L'APPAREIL MORSE

MODIFIÉ

ET DES

BUREAUX TÉLÉGRAPHIQUES

ADOPTÉS PAR

L'ADMINISTRATION PORTUGAISE

APPAREIL MORSE

L'appareil Morse, modifié par M. M. Hermann, inspecteur des lignes télégraphiques des chemins de fer de l'Est et du Nord, et ancien élève de l'Institut industriel de Lisbonne, se compose :

1° D'un mouvement d'horlogerie ordinaire qui déroule la bande de papier ;

2° D'un appareil qui fait les signaux sur cette bande avec une encre indélébile.

5° De l'électro-aimant qui imprime le mouvement convenable à cet appareil.

MOUVEMENT D'HORLOGERIE

Les deux platines A,A (fig. 1) soutiennent le barillet avec son ressort moteur ; ce barillet met en mouvement une première roue et celle-ci une seconde, qui, s'engrenant avec une troisième, met en mouvement le cylindre inférieur B, qui déroule le papier.

La troisième roue met en mouvement la vis sans fin, qui commande le volant régulateur du mouvement du rouage. Le rouleau inférieur qui reçoit son mouvement de la seconde roue, entraîne par le frottement le rouleau supérieur, soutenu par un bras, susceptible de tourner autour d'un axe pour faciliter le placement de la bande de papier. La pression du rouleau supérieur sur l'inférieur résulte en partie de l'action du ressort qui est attaché au bras.

L'ensemble des roues qui forme le mouvement d'horlogerie est protégé contre la poussière par des glaces, qui doivent s'ajuster parfaitement et être toujours fermées.

L'huile indispensable pour produire un bon mouvement du mécanisme doit être de l'huile d'horlogerie de la meilleure qualité. Quand on voit la nécessité de remettre de l'huile, on détourne légèrement les vis des couvercles qui cachent les bouts des axes, on les écarte et on met une goutte d'huile qui ne dépasse que d'une tête d'épingle ; on fait de même aux axes des roues, des rouleaux, du tambour, à la vis sans fin, et à toutes les extrémités ou points d'appui.

On doit mettre très-peu d'huile à chaque fois, afin d'éviter qu'elle sorte des cavités et pénètre jusqu'aux dents des roues et jusqu'aux autres points, où sa présence loin d'être utile serait nuisible.

Il convient aussi, de temps en temps, de nettoyer et de graisser l'axe du bras, qui soutient le rouleau supérieur, pour ne pas diminuer sa pression sur le rouleau inférieur. Ces rouleaux doivent être très-rugueux sur leur surface, et il faut éviter qu'ils reçoivent de l'encre ou de l'huile qui empêcherait l'entraînement du papier ; si par négligence il arrivait que de l'encre tachât les rouleaux, il faudrait immédiatement l'enlever avec une éponge ou avec quelque chose du même genre.

A peu de distance des rouleaux, et soutennes par

la pièce F, fixée à la première platine, se trouvent les guides, qui dirigent la bande au milieu des rouleaux.

La vis a. (figure 2) a ses points d'appui dans la platine A et dans la plaque F et est terminée par le bouton b; cette vis est formée d'une partie en spirale droite et d'une autre gauche, ayant chacune son écrou avec un prolongement ou bras d. Ces bras sont traversés par deux tiges horizontales c, c'. La tige inférieure c est fixe, et sert à donner aux bras d, d une direction invariable. La tige supérieure c' terminée par le bouton e, est mobile et sert à maintenir la bande entre les bras qui servent de guides. En tournant le bouton b, les guides s'approchent ou s'écartent, et leur distance doit être égale à la largeur de la bande. Ces bras doivent être à égale distance du milieu des rouleaux. Lorsque cette condition n'est pas remplie, et que l'un des bras est plus éloigné que l'autre, on tourne le bouton b de la vis a jusqu'à ce que les bras s'approchant, arrivent au milieu de la vis, où il n'y a plus de spirale. Après cela on tourne le bouton en sens contraire, et à l'aide d'une aiguille ou poinçon on fait entrer premièrement dans la spirale et avancer un peu le bras, ou guide qui se trouve le moins

éloigné du centre, et ensuite, faisant entrer dans la
spirale le second bras, on continue de tourner le
bouton jusqu'à ce que les guides aient atteint la largeur de la bande de papier qui doit passer au milieu des rouleaux.

Le guide O (fig. 5), attaché à la platine, est destiné à tendre la bande entre lui et les rouleaux ; il se
compose de la plaque g, qui soutient la pièce O, dont
une partie h est cylindrique, et du ressort i, dont
l'action est réglée par la vis p. La bande de papier
passant alors entre ce ressort et la partie cylindrique h, est tendue plus ou moins fortement, selon la
position de la vis régulatrice p.

La pincette reçoit la bande directement du rouleau de papier placé entre les roues mouvantes
sur un axe fixé au support, qui se trouve vissé
sur la seconde platine. Ces roues, séparées par un
cylindre de bois, doivent se mouvoir sur son axe
de fer sans la moindre résistance.

L'appareil est mis en mouvement ou arrêté au
moyen de la tige f' f', qui arrête ou lâche le volant (fig. 4). Cette tige se meut à l'aide de la manivelle en ivoire g du levier, qui fait partie de
l'appareil encreur. Tout ce mécanisme se trouve
attaché par deux vis sur un socle en bois.

MÉCANISME POUR LA PRODUCTION DES SIGNAUX

La partie du récepteur modifiée qui forme le mécanisme pour la production des signaux est composée d'un encrier D (fig. 4) porté par la pièce E et maintenue par la vis n. La pièce E est vissée à la coulisse b ajustée dans le châssis c, et formant l'écrou de la vis régulatrice T. La plaque ou lame d'acier c^3, formant le dos du châssis, fonctionne en même temps comme ressort sur la platine, d'où résulte un frottement constant qui empêche tout déplacement de l'encrier. La tige en acier i,c' fait partie du châssis, et traverse les guides h,h' fixés sur la platine. À l'extrémité de cette tige terminée en vis se trouve l'écrou c^5, articulé avec le bras f^2 fixé sur l'axe f^3; l'autre bras g^2 reçoit, à l'aide de la manivelle en ivoire g, l'effort destiné à faire changer de position l'encrier.

Les deux pièces, f^3, vissées à la partie inférieure de la planchette de bois soutiennent l'axe.

La tige f qui traverse la planchette pour empêcher ou laisser libre le mouvement du mécanisme, est liée au bras f^2. De cette combinaison, il résulte la facilité de pouvoir baisser ou élever l'encrier en l'approchant, ou en l'écartant de la bande de papier.

Dans la position indiquée par la fig. 1, la manivelle en ivoire est inclinée à droite, le châssis arrêtée sur la pièce 11, et la tige f' séparée du volant. Dans cette position le mécanisme doit se trouver en mouvement, et la pointe de l'encrier à la portée du papier, quand l'armature de l'électro-aimant est attirée.

Dans le cas contraire, la manivelle se trouve inclinée à gauche; elle empêche le mouvement du volant, le châssis se trouvant alors en haut, et la pointe de l'encrier hors de la portée du papier.

De cette mobilité de l'encrier résultent les avantages suivants :

1° L'impossibilité de ce que la pointe de l'encrier touche la bande de papier, quand l'appareil est en repos; ce qui évite les taches d'encres ;

2° La facilité de placer la bande, quand il faut renouveler le papier;

3° Le mouvement libre de l'armature, quand les appareils sont montés en translation.

Le couvercle de l'encrier soutient la pièce u^2 par laquelle passe la tige r, qui sert à dégager l'orifice s'il est obstrué. Cette tige, élevée par l'action d'un ressort situé dans l'intérieur de la pièce u^2, doit se trouver dans la direction de l'axe de l'encrier, afin de pouvoir entrer sans difficulté dans l'orifice, quand on appuie sur le bouton. Le godet v, avec quatre fentes, qui se trouve dans l'intérieur fait fonction de filtre, en séparant de l'encre les corps étrangers qui pourraient boucher l'orifice. La hauteur du godet ou filtre sert aussi à indiquer le niveau que l'encre ne doit pas dépasser.

ÉLECTRO-AIMANT

Cette partie de l'instrument (fig. 5) se compose de deux bobines l^8 remplies de fil de cuivre recouvert de soie, dont la longueur et le diamètre sont calculés de manière que la résistance qui existe au passage du courant électrique, soit, dans les cas ordinaires, égale à celle que représentent 150 à 200 kilomètres de fil de fer de 4 millimètres.

Ces bobines sont vissées à la plaque v fixée au socle de bois de l'appareil. Par le centre de ces bo-

bines passent les cylindres en fer l, réunis infé-
rieurement par le barreau l^2. Ces cylindres s'ai-
mantent par le passage du courant électrique dans
le fil des bobines. A l'aide de la vis o du levier q et
de la bielle q^2, les cylindres peuvent être approchés
plus ou moins de l'armature pour pouvoir varier
l'intensité de la force attractive entre les cylindres
et l'armature de l'électro-aimant. — Cette armature
k est soutenue par deux vis k^2, qui sont fixés à la
pièce k^4 fixée sur la platine A. Ces vis, points d'appui, sont maintenus dans une position invariable
par l'action des vis de serrage k^5.

Le bras s de l'armature est destiné à soulever la
bande à l'aide d'un ressort j et de la palette j^2,
quand l'armature est attirée par l'électro-aimant.
Les quatre vis i^4 permettent au constructeur de
déterminer la position la plus convenable de la
palette.

Le jeu du bras de l'armature ou l'amplitude de
ses oscillations se déterminent à l'aide des vis régulatrices x, y (fig. 5), que les écrous x^2, y^2 fixent dans
une position invariable. Ces vis régulatrices, mon-
tées sur les colonnes J,M, présentent une surface de
platine par où passe le courant lorsque les appareils
sont montés en translation, ou lorsque par quelque

nécessité on les combine ainsi pour combattre les inconvénients d'un courant affaibli.

L'armature est maintenue éloignée de l'électro-aimant par l'action du ressort antagoniste h, dont la force varie quand on tourne le bouton n. La tige h^2 doit être à frottement dur dans la pièce N pour ne pas se déranger de la position dans laquelle on la place. On augmente ou l'on diminue ce frottement à l'aide de la vis n^2.

DE LA MISE EN ACTION DU RÉCEPTEUR MORSE MODIFIÉ

Les appareils sont toujours réglés par le constructeur avant la livraison; mais en admettant qu'il soit nécessaire de faire cette opération à un récepteur, on doit procéder de la manière suivante :

On commence par le remonter avec sa clef, après quoi on place le rouleau de papier en détachant la roue de devant, et plaçant le rouleau de papier sur le cylindre de bois de la seconde roue, en faisant attention à ce que l'extrémité extérieure de la bande sorte à gauche, comme on le voit fig. 1; ensuite on replace la roue de devant, on passe la bande dans la pincette O, en écartant le ressort i (fig. 3) ; on la place entre les deux rouleaux B, B (fig. 1) ; puis, afin de lui donner la bonne direction, on enlève la tige c, on place la bande entre les bras $d, d,$ du guide (fig. 2), on replace la tige c, et on met l'appareil en mouvement en poussant la manivelle g à droite. On vérifie si les guides se trouvent dans la position convenable, c'est-à dire si la bande est dirigée vers le centre des rouleaux, et si la pointe de l'encrier en est assez éloignée pour qu'elle n'en empêche pas le mouvement ; à l'aide de la vis p (fig. 3), on règle la pression du ressort de manière que la bande entre les rouleaux et la pincette se trouve tendue, même quand le mécanisme est en repos. Il est important que la pression du ressort i (fig. 3) sur la bande ne soit pas assez forte pour ralentir le mouvement de l'appareil ; après cela, on desserre un peu les écrous x^2, y^2 (fig. 5) des colonnes J, M, afin de pouvoir plus facilement mouvoir les vis points de contact x, y pour en déterminer la position.

L'armature se trouvant levée par l'action du ressort antagoniste, la pointe de platine x^3 doit reposer sur la vis x en déterminant ainsi la hauteur de la palette j^2. Cette position de la palette, quand l'armature se trouve éloignée de l'électro-aimant,

doit être telle que la bande repose légèrement des-
sus, afin qu'il n'y ait pas de temps perdu. La position de la vis x étant déterminée, on fixe cette
vis en serrant l'écrou x^2.

La vis de contact y limite le jeu de l'armature,
et doit se mouvoir jusqu'à ce que l'intervalle entre
sa surface et la pointe y^3 soit d'un millimètre et
demi ou deux ; ensuite on resserre aussi l'écrou y^2
pour le rendre invariable.

De cette manière se trouve déterminé le jeu de
l'armature, qui doit être conservé invariable. C'est
une règle générale qu'un récepteur est d'autant
plus sensible que l'amplitude des oscillations de
l'armature est plus petite ; mais pour ne pas dépasser les limites déterminées pour chaque appareil, il
convient de donner celle qui est indiquée ici.

Quand l'armature se trouve seulement sous l'action du ressort antagoniste, la pointe de platine x^3
doit reposer sur la vis x, et la bande doit se trouver
un peu éloignée de la pointe de l'encrier ; mais
quand, au contraire, l'armature est attirée, ou quand
on appuie sur le bouton r, la bande soulevée par la
palette doit toucher la pointe de l'encrier par une
légère flexion du ressort j. On apprête ensuite l'encrier en le nettoyant avec un cure-dent ou un petit

morceau de bois pointu, de manière que l'orifice se
trouve bien débouché ; mais il ne faut jamais em-
ployer pour cela une aiguille, ou une épingle, ni
aucun corps dur qui détériorerait l'intérieur de l'encrier. Cette opération étant faite avec le plus grand
soin, on verse l'encre qui doit être conservée dans
de petits flacons que l'on agite au moment de l'em-
ployer. La quantité d'encre à verser dans l'encrier
est déterminée par la hauteur du vase ou filtre,
qui ne doit jamais être recouvert d'encre. Il vaut
mieux y mettre trop peu d'encre que d'y en verser
trop. On place le couvercle en ayant soin que la tige
soit dans la direction de l'orifice afin qu'elle puisse
s'y introduire sans difficulté, quand il sera nécessaire de déboucher l'orifice. Il convient de nettoyer
les encriers tous les matins, et d'enlever avec un
morceau d'éponge ou de chiffon toute l'encre qui y
reste. L'encrier étant préparé on le remet à sa place
en le fixant par le moyen de la vis n (fig. 4).

On détermine la hauteur de la pointe de l'encrier
à l'aide de la vis régulatrice f, que l'on tourne avec
la main gauche tandis que l'on appuie avec la main
droite sur le bouton r (fig. 5) jusqu'à ce que la
pointe de l'encrier touche la bande en produisant
un trait bien distinct, qui cessera d'exister dès que

a pression sur le bouton r cessera, ou que le ressort antagoniste aura soulevé l'armature et fait descendre la palette j^2. On doit préparer l'encrier avec la plus grande attention, afin d'éviter l'introduction de tous corps étrangers, tels que des cheveux, des grains de sable, etc.

On doit verser l'encre dans la partie extérieure du godet, afin de la faire filtrer par les fentes avant d'arriver à l'orifice. On doit aussi avoir soin de ne pas excéder la quantité d'encre convenable dans l'encrier; tout excès donnerait lieu à la formation de taches, ou à des signes trop chargés d'encre et qui ne sécheraient pas avec la rapidité nécessaire. Il y a avantage à conserver l'encre dans de petits flacons d'environ cinquante grammes; au moment de les reboucher il faut également éviter l'introduction de tout corps étranger qui pourrait y être introduit avec le bouchon. Ce que nous venons de dire étant exécuté, il ne reste qu'à régler la tension du ressort antagoniste et la position ou la distance de l'électro-aimant à l'armature, ce que l'on fait en invitant la station correspondante à l'opération habituelle qui consiste en une transmission rapide et régulière de points. Pendant ce temps, on donne au ressort antagoniste une tension moyenne, de manière à ce qu'elle soit susceptible d'être augmentée ou diminuée. Ensuite on rapproche ou on éloigne l'électro-aimant jusqu'à ce que les points ou les traits sur la bande soient bien réguliers. Quand on meut l'électro-aimant, on doit avoir soin que les extrémités des cylindres en fer ne touchent point l'armature et qu'il y existe un intervalle. Quand les courants sont faibles et qu'on a rapproché l'armature de l'électro-aimant au minimum de sa limite sans avoir obtenu la régularité des signes, il faut alors diminuer la tension du ressort antagoniste jusqu'à ce que l'on obtienne le résultat voulu. On reconnaît que la force attractive de l'électro-aimant domine, à ce que les points se convertissent en traits, ou que l'espace entre ces points est fort petit. On reconnaît que le ressort antagoniste domine, lorsque les traits ou les points sont mal marqués et irréguliers.

RÉSUMÉ

CONDITIONS AUXQUELLES UN RÉCEPTEUR BIEN RÉGLÉ DOIT SATISFAIRE

Le mouvement du rouage doit se faire sans difficulté. On ne doit pas laisser manquer d'huile aux points indiqués.

.Les rouleaux doivent être propres, pour que leurs surfaces rugueuses ne laissent pas échapper la bande.

La bande doit entrer dans la pincette et sortir par le côté gauche du rouleau de papier. La pincette doit exercer une pression constante sur la bande, et seulement suffisante pour la tenir bien tendue entre les rouleaux et la pincette. Les guides doivent diriger la bande dans la direction convenable, c'est-à dire vers le milieu des rouleaux. La manivelle en ivoire passant à droite pour mettre l'appareil en action, le châssis doit s'appuyer sur la pièce h et la pointe de l'encrier se trouver un peu écartée de la bande.

La bande doit toucher légèrement la palette; quand on appuie sur le bouton r (fig. 5) et que la palette soulève la bande, celle-ci doit toucher la pointe de l'encrier par le moyen d'une légère flexion du ressort du bras j^2.

Le jeu de l'armature doit être libre et n'être point gêné par un trop grand serrage des vis points d'appui k^2; ces vis doivent être bien fixées au moyen des vis de serrage k^5.

Le jeu de l'armature ne doit pas dépasser ce qui vient d'être indiqué.

Les écrous x^2, y^2 doivent se trouver bien serrés pour que les vis x, y ne puissent pas se mouvoir Le ressort antagoniste doit avoir une tension moyenne.

Les cylindres de l'électro-aimant ne doivent pas toucher l'armature.

L'encrier doit contenir au maximum la quantité d'encre indiquée.

BUREAUX TÉLÉGRAPHIQUES

A DEUX DIRECTIONS

FONCTIONNANT AVEC LES APPAREILS MORSE ET PORTANT
LES COMMUNICATIONS MÉTALLIQUES

Ces bureaux contiennent :

Un récepteur *Morse* modifié,

Une sonnerie à deux directions,

Deux boussoles verticales,

Deux paratonnerres commutateurs,

Deux commutateurs de correspondance,

Un commutateur de pile à trois directions,

En outre, il y a des bornes qui établissent la communication avec les appareils, et dont la position se trouve appropriée à la disposition de ces mêmes appareils.

La communication entre les diverses bornes est établie par des fils en cuivre jaune de deux à trois millimètres de diamètre, que l'on peut toujours tenir propre et brillant, et dont la résistance doit être suffisante pour résister aux accidents ordinaires.

Le récepteur R est placé à l'endroit indiqué, en faisant communiquer entre elles les bornes L et L, T et T par des conducteurs en cuivre jaune. Les deux manipulateurs M, M sont fixés par quatre vis, et les bornes a, a', b, b' c, c', etc., sont réunies deux à deux de même nom par des conducteurs.

La sonnerie D est placée entre les bornes d, e, f, g, que l'on a fait communiquer avec celles de la sonnerie.

Les deux boussoles B, B sont fixées par des écrous.

A la borne T est attaché le fil de la terre, et à la borne Z celui du zinc.

On lie à la borne D le pôle positif d'une pile de 8 à 12 éléments, qui doit comme pile locale faire fonctionner la sonnerie.

Les trois fils p, qui correspondent avec les trois séries d'éléments dans lesquelles la pile est divisée, sont attachés au commutateur c de la pile.

Aux bornes d'entrée des paratonnerres sont attachés les fils de la ligne L, L.

CORRESPONDANCE

Chaque commutateur de correspondance a trois contacts, qu'on distingue par les lettres R, D, CD Récepteur, Sonnerie, et Communication Directe.

A l'état de repos, les commutateurs se trouvent sur les points de contact de la sonnerie.

Lorsque la sonnerie annonce l'appel d'une des stations, on place le commutateur correspondant sur le contact du récepteur, afin qu'on puisse recevoir la dépêche.

Si pendant la communication avec une des stations, la sonnerie indique l'appel de l'autre, on devra lui répondre au moyen du manipulateur correspondant et lui faire suspendre l'envoi de sa dépêche; on maintiendra le commutateur sur le contact de la sonnerie, par laquelle on recevra alors la réponse signifiant *compris*.

De cette manière, la communication avec la première station n'est pas interrompue, et elle peut avoir continué sa transmission pendant ce temps-là.

Si l'on se trouve en transmission avec un des bureaux, et que l'autre appelle, on opérera de la même manière que ci-dessus : on lui donne le signal d'*attention*, et on place le commutateur sur le contact du récepteur, afin de ne pas perdre de temps, recevant d'un côté et transmettant de l'autre.

Dans ce cas, le commutateur de la direction par où l'on transmet doit se trouver sur le contact de la sonnerie, afin que l'on puisse recevoir par celle-ci le signal *compris* final.

Lorsqu'on veut demander communication directe on n'a qu'à faire comme il est d'usage, en plaçant les commutateurs sur les touches CD, CD.

Chaque paratonnerre est accompagné d'un commutateur, que l'on peut faire communiquer alternativement avec les points P, S, T.

La lettre P indique *paratonnerre*. En posant le commutateur sur ce contact, le courant électrique passe par le fil du tube du paratonnerre ; c'est là la position habituelle du commutateur.

La lettre S indique *sans paratonnerre*. Le commutateur est posé sur ce point de contact lorsque le tube du paratonnerre est détérioré. Dans ce cas le paratonnerre perd une grande partie de ses propriétés, et fonctionne en simple conducteur.

La lettre T signifie *terre*. On place le commutateur sur ce contact lorsque les décharges atmosphériques sont très-fortes et que le fil est coupé.

SONNERIES

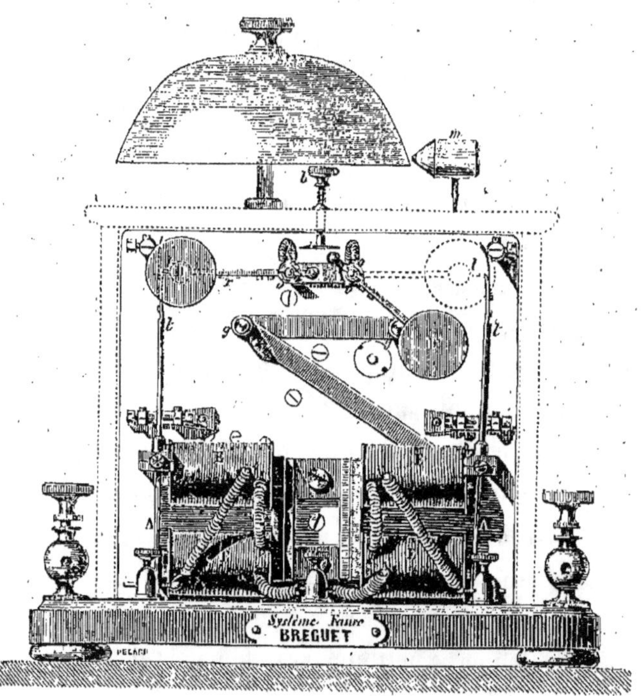

La sonnerie dont nous faisons usage est la sonnerie trembleuse à deux relais, déjà décrite dans le

Manuel de télégraphie électrique (4e édition) de M. Breguet.

La figure 8 représente la partie antérieure de cet appareil, où sont réunis les deux relais; à la partie postérieure est placée la sonnerie trembleuse, dont la figure ne montre que le marteau *m* et le timbre. Quand le courant vient à passer dans l'électro-aimant E, la tige *t* de l'armature laisse tomber le levier *l*, *o*, qui pivote autour du point *o*; le ressort *r* tombe sur le butoir *g* et ferme le circuit d'une pile locale; ce courant fait alors tinter la sonnerie trembleuse jusqu'à ce que l'employé appelé vienne, au moyen du bouton *b*, relever le levier *o*, *l*, et le remettre en prise sur la tige *t* de l'armature. Le plateau rond D fait fonction de *répondez* et indique quelle est celle des deux lignes qui appelle, en se présentant devant une fenêtre pratiquée dans la boîte en acajou.

BOUSSOLES VERTICALES

La figure 6 représente le genre de boussole auquel nous nous sommes arrêtés; elle est verticale et portée par un socle en bois muni à sa partie inférieure de deux pattes en laiton qui se fixent au moyen de boulons, aux communications de la table.

La position verticale rend beaucoup plus visible l'aiguille de la boussole, qui se détache sur un cadran blanc.

La figure 6 représente nos boussoles à l'échelle des deux tiers.

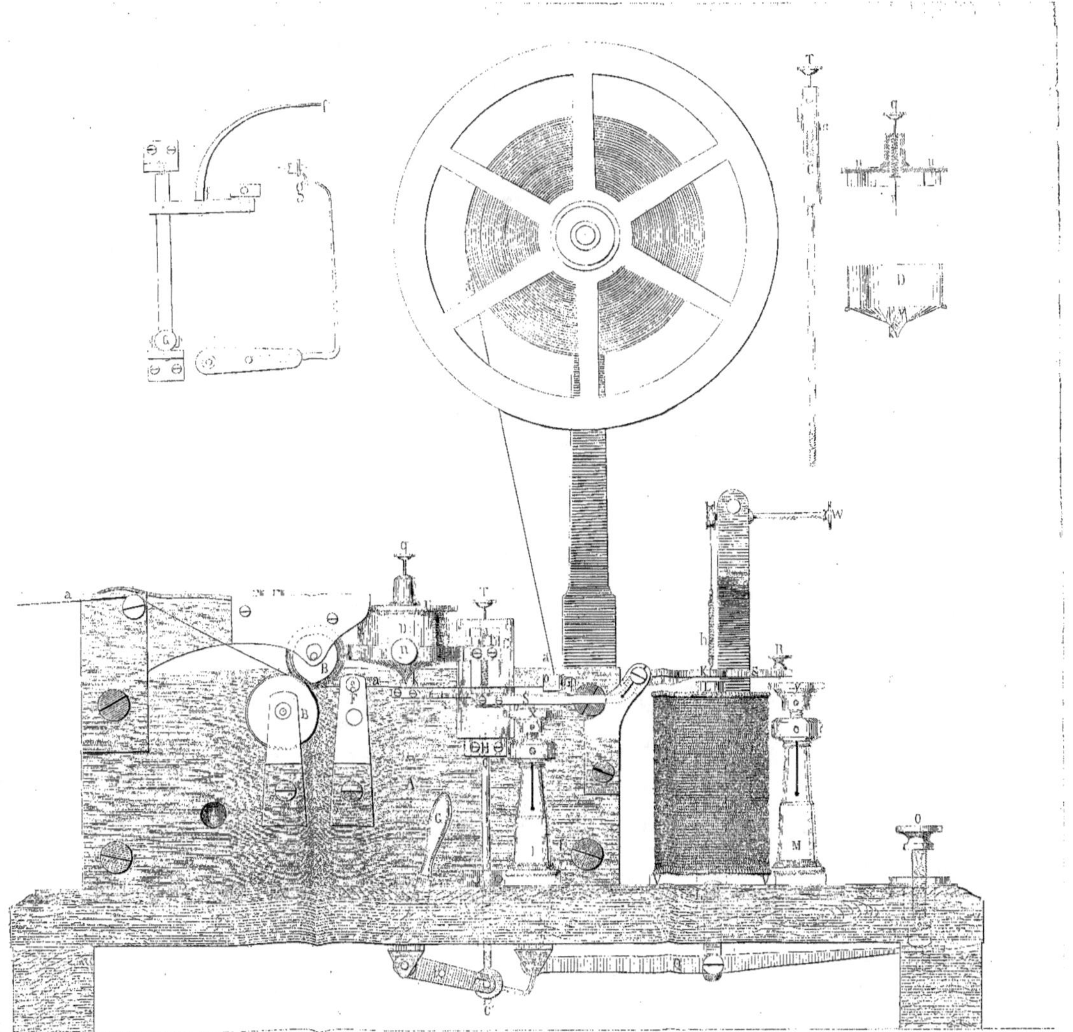

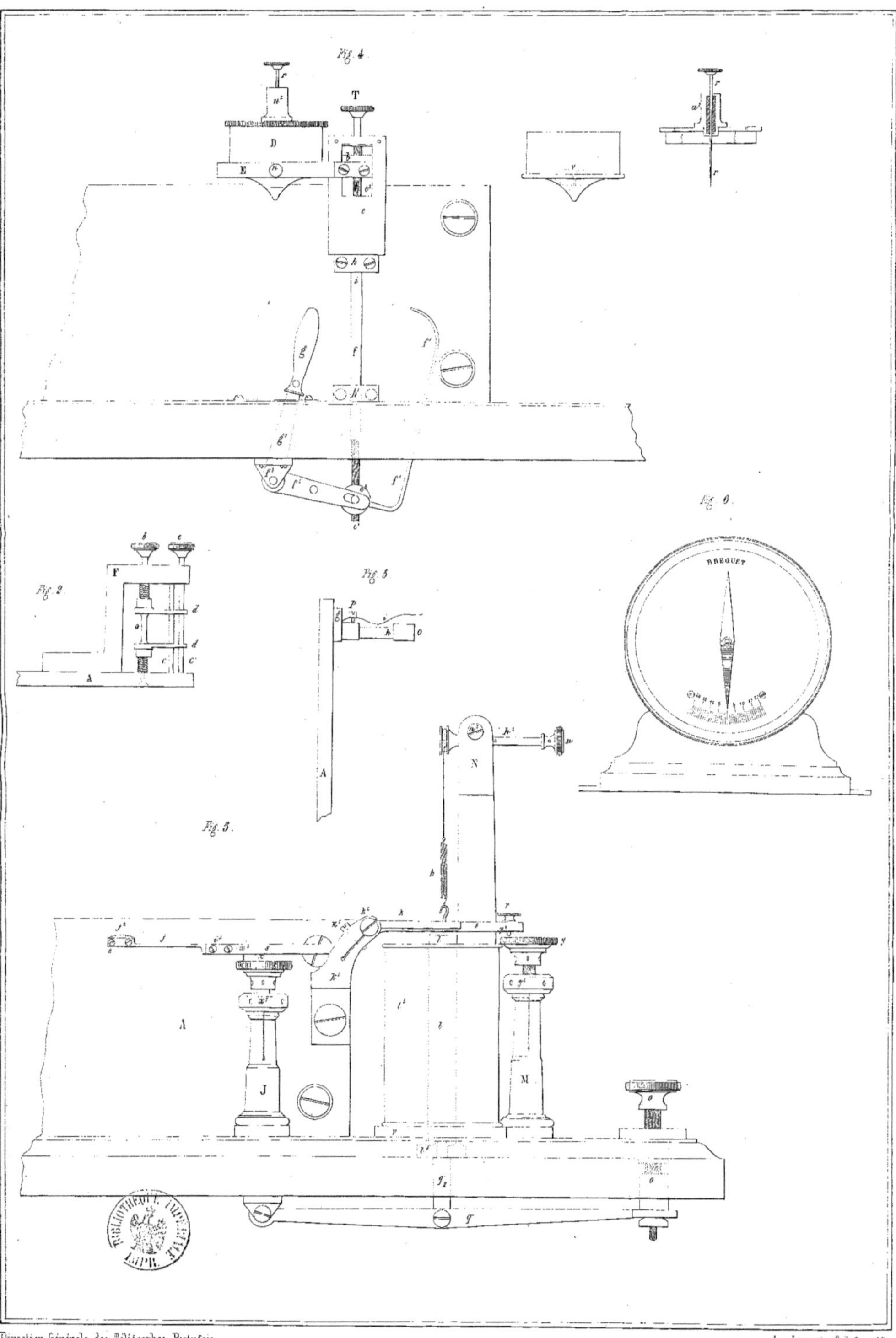

Imp. Lemercier, R. de Seine 57.

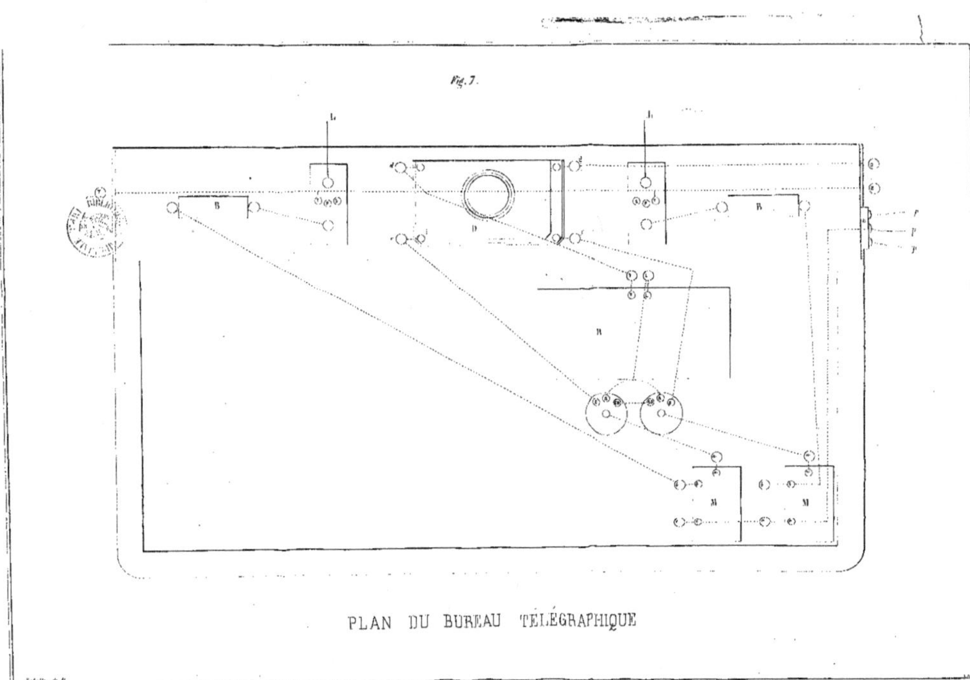

Direction générale des Télégraphes Portugais.

PARIS. — IMP. SIMON RAÇON ET COMP., RUE D'ERFURTH, 1